新入社 議に
ついてい せん。

社会人を悩ま ス用語集

Gakken

はじめに

「アジェンダ」「エビデンス」「リスケ」…。いわゆる「ビジネス用語」にとまどった経験はないでしょうか。会議で耳にしたものの意味がわからず、後でスマホでその意味を調べて、「そんな簡単なこと、日本語で言ってくれよ…」ともやもやしたことはないでしょうか。

この本をつくったのは、ビジネス用語に振り回された人間たちです。新入社員時代、取引先との会議や社内のちょっとした打合せの中でビジネス用語を耳にするたびに、その言葉の意味がわからず、私たちはしばしば会話から取り残されていました。

しかし、どんなにビジネス用語がわかりにくくても、ビジネス用語がこの世から消えることはありません。ビジネス用語と向き合うしかないのです。せっかく向き合うなら少しでも楽しく向き合ったほうがいいと考え、この本をつくりました。

この本では、引くほどアホなキャラクターがひたすらビジネス用語に振り回されます。ビジネス用語に翻弄されるキャラクターたちにご自身を重ねたり、「やっぱりビジネス用語ってわかりにくいよなぁ」と呆れたりしながら、楽しく読んでいただけると幸いです。

（全日本ビジネス用語検討委員会より）

もくじ

登場人物紹介

山本さん
（新入社員）

ビジネス用語のわかりにくさにいらだち、「日本語で言えばわかりやすいのに！」と憤慨。ビジネス用語撲滅を試みるが…。

田中くん
（新入社員）

頭はよくないが、どこまでもまっすぐな性格。ビジネス用語を自分なりに解釈して、一生懸命動く。が、それらはすべて裏目に出る。

取引先

息をするようにビジネス用語を使いまくる。自分たちが使うビジネス用語を相手も理解してくれるはずだと信じて疑わない。

社長

社長というだけあって、ビシバシと部下に指示を出す。しかし、自分のビジネス用語の意味を部下に汲み取ってもらえず、痛い目にあう。

部長

ビジネス用語をわかっているふりをして、なんとか会社員を続けてきた。新入社員の田中くん同様、まっすぐで愛おしいアホ。

Prologue

ビジネス用語の洗礼

この人たち
ずっと何
言ってんの!?

助けて部長…

ピ――――…

ブチョオオ
オオオオオオ!!

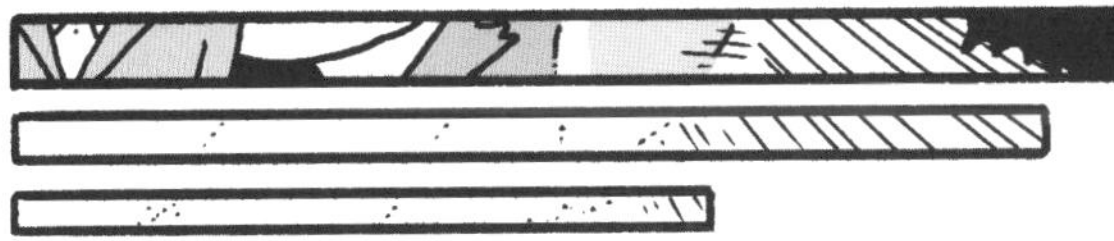

部長!!
ハッ
会議は?
バッ
終わっちゃいました
彼らのカタカナ語がわからず気絶してた…
ボクも気絶一歩手前でした
一体何を話してたんですかね…
ポチ ポチ…
だべってないで意味のひとつでも調べましょう
イニシアチブ
主導権
コンシューマー
消費者
ローンチ
開始
アジェンダ
議題
パッ
って、めっちゃ簡単
日本語の方が短いじゃん…
あ

皆さんの中にもビジネス用語に翻弄されている方はいませんか？
ビジネス用語にとまどう若手社員の方はもちろん、
いまさら「わからない」なんて言えない中堅社員の方も、
この本で、ややこしいビジネス用語に文句を言いながら、
少しずつ距離を縮めていきましょう。（全日本ビジネス用語検討委員会）

この本の読み方

取引先の人や社長から、田中くんや部長に向けてビジネス用語が浴びせられます（A）。ビジネス用語のことをまったく知らない彼らがその意味をどう解釈するのか、その展開を予想しながらページをめくってみてください。

ページをめくると、ビジネス用語を誤解した田中くんや部長がアホをやっています（B）。あたたかい目で、笑ってやってください。その下では、アホをやっている2人を見かねた山本さんが、「日本語でこう言えばいいのに！」といらだっています（C）。一緒にいらだってあげましょう。

田中くんや部長のアホさと山本さんのいらだちをお楽しみください。そのついでに、ビジネス用語と向き合いましょう（D）。

この企画、私もアグリーだ！

そ、そんなぁ…！

この企画、私も**賛成**だ!

って言えばいいのに…

[agree]
アグリー:賛成や同意をすること

反対することは英語ではdisagree(ディスアグリー)と
いいますが、なぜかビジネスシーンでは使われません。
代わりに、「アグリーできない」などといいます。

どうせビジネス用語使うんだったら、反対するときも「ディスアグリー」って言いなさいよ…。

このプロジェクトには、ITに強い人材をアサインしてくれ！

わかりました！

このプロジェクトには、
ITに強い人材を
割り当ててくれ!

って言えばいいのに…

[assign]
アサイン：人員などを配置すること

似たような言葉に「ジョイン」という言葉がありますが、
これは、自分から積極的に仕事を引き受けるという意味があり、
任命する、割り当てるといった意味のある「アサイン」とは異なります。

「アサイン」なんてかっこつけてるけど、結局「この仕事、任せたよ」ってことでしょ…?

今日の会議のアジェンダは何かね!?

えーっと…!

今日の会議の**議題**は何かね!?

って言えばいいのに…

[agenda]
アジェンダ：議題、会議の予定

政治の分野では、行動指針という意味で用いられます。
1992年の地球サミットで「アジェンダ21」が採択されたことで、
ビジネスにも広まったという説があります。

「アジェンダ＝議題」ほど、字面と意味がつりあってない言葉ってないよね…。

我が社の今後の発展のためには、人材のアセスメントが必要だ！
？
？
了解しました！

我が社の今後の
発展のためには、
人材の**評価**が必要だ!

って言えばいいのに…

[assessment]
アセスメント:客観的に評価すること

看護や医療の現場では、患者の状態を
評価することを「アセスメント」といいます。
また、土地開発の際に、その工事によって周囲が被る影響を
評価することを「環境アセスメント」といいます。

「環境アセスメント」ってよく聞くけど、「環境評価」でいいじゃない…。

B社のアセットを
調べてくれ！　社長からの命令だ！

お任せください！

B社の**資産**を調べてくれ！
社長からの命令だ！

って言えばいいのに…

[asset]
アセット：価値のある資産や資源

IT業界では、「企業がビジネスを行ううえで保持する情報やデータベース」を指します。資産の運用を投資家に代わって行うことを「アセットマネジメント」といいます。

「アセットマネジメント」なんて言わずに、「資産運用」って言えばいいのに。

A社のスズキさんに
もうアポはとってあるかい!?
もちろんです!

A社のスズキさんに
もう予約はとってあるかい!?

って言えばいいのに…

[appointment]
アポ：面会などの予約

「アポイントメント」(予約)を省略して、「アポ」といいます。
顧客との面会や、商談などの約束を指します。
電話営業で約束を取り付けることを「テレアポ」といいます。

「アポはとれています」って言うだけでなんか仕事をした気になってる人、いませんか?

今日の会議ではイシューを
明確にして議論しよう！

そうしましょう！

今日の会議では**問題点**を
明確にして議論しよう!

って言えばいいのに…

[issue]

イシュー：論点や課題、問題点

もっとも重要度の高い課題のことは「クリティカルイシュー」といいます。
また、企業が予測される議題を抽出して、その対応策を考えることを
「イシューマネジメント」といいます。

企業が課題に向き合う、っていう当たり前のことをわざわざ「イシューマネジメント」って言って、誰が得するんだろう…?

T社に負けないようにしっかり
イニシアチブを握れ！

がんばります！

T社に負けないように
しっかり**主導権**を握れ!

って言えばいいのに…

[initiative]

イニシアチブ：
契約交渉などにおける主導権

「イニシアチブ」に似た言葉としては「リーダーシップ」がありますが、
前者は「率先」して行動して他を導く、
後者はチームを「統率」して指導することを指します。

田中くん…。「ミニシバイヌ」はさすがに聞き間違えすぎじゃない?

古い考えを捨てて、みんなでイノベーションしよう！

やったります！

古い考えを捨てて、
みんなで大改革しよう!

って言えばいいのに…

[innovation]

イノベーション：社会を大きく変える革新

電話やネット、カメラなどあらゆる機能がつまったスマホはイノベーションの代表例です。大企業が新興企業のイノベーションに淘汰されることを「イノベーションのジレンマ」といいます。

「イノベーションしよう!」ってひと口に言っても、そんな簡単なことじゃないよね。

今回のお仕事のインセンティブですが…。
なんですって!?

今回のお仕事の**報酬**ですが…。

って言えばいいのに…

[incentive]

インセンティブ：人の意欲をかき立てる報酬

外部からの働きかけによって仕事のやる気を高めるのが、「インセンティブ」です。仕事の成果に応じて支給される成果報酬や、社内における表彰や人事評価のことを指します。

「インセンティブ」なんてかっこつけてるけど、結局「ご褒美」ってことだよね…。

困ったときは、上司にエスカレーションしたまえ！
了解しました！
ア

困ったときは、
上司に任せたまえ！

って言えばいいのに…

[escalation]

エスカレーション：上司に対応を引き継ぐこと

業務上で対応しきれない事態が起きた場合に、
組織の上の人間に報告をして対応を引き継ぐことをいいます。
「エスカレ」と略されることもあります。

「エスカレーションいたします」よりも「上に引き継ぎます」って言ってくれた方がわかりやすいのにな。

この商品がなぜ売れるのか、エビデンスはとってあるかい!?

す、すみません!

この商品がなぜ売れるのか、
裏付けはとってあるかい!?

って言えばいいのに…

[evidence]

エビデンス：証拠や裏付け

医療業界では、治療方針や薬の有効性、
IT業界では、システムが正常に稼働していることを
示すデータを「エビデンス」といいます。
会議の議事録など、見える形で残すことを
「エビデンスを残す」などといいます。

「この会議のエビデンス残しておいて」って言う人へ。「議事録とっておいて」でよくないですか?

先月お願いしたお仕事、オンスケで進んでます？
あ！ えーっと…！

先月お願いしたお仕事、
予定通り進んでます？

って言えばいいのに…

[on schedule]
オンスケ：
スケジュール通りであること

オンスケジュールの最初の４文字をとって、「オンスケ」と表現します。
予定よりも進行が遅れている場合は、「ビハインド」といいます。

「オンスケ」って聞くと、勝手に「温介（おんすけ）」って脳内変換しちゃうんだけど、めっちゃ性格よさそうな名前じゃない？

君は最高のカウンターパートになりそうだ！
うれしいです！

君は最高の仕事相手になりそうだ!

って言えばいいのに…

[counterpart]

カウンターパート：
対等な立場にいる仕事上の協力相手

「カウンターパート」は自分と「対等である」という意味が強く、「パートナー」とは意味が異なります。他社の自分より立場が上の人に対しては「パートナー」という言葉を使いましょう。

自分よりえらいかえらくないかわからない人にはとりあえず、「パートナー」って言っとけば安パイってことね。

なにかと厳しい世の中だから、
ガバナンスを強化したまえ！
承知しました！

なにかと厳しい世の中だから、
企業管理を強化したまえ!

って言えばいいのに…

[governance]

ガバナンス：

企業経営を管理・監督する仕組み

社外取締役の設置や社内規則の明確化などがガバナンスを
強化することにつながります。面倒だからとガバナンスを軽視すると、
問題が起きたときにかえって手間が増えます。

「管理すること」を「ガバナンス」なんてわかりにくく言う人が、会社を管理できるのかな…。

プロジェクトは
来週キックオフ予定です。
わかりました!

プロジェクトは来週
開始予定です。

って言えばいいのに…

[kick off]

キックオフ：

プロジェクトなどを始めること

サッカーの試合開始を意味するキックオフが由来です。
プロジェクト終了後の振り返りのミーティングを
「クロージングミーティング」といいます。

数あるスポーツの中でどうしてサッカー用語が選ばれたんだろう。
「プレイボール」とかほかにも使えそうな言葉があるのに…。

クライアントの要望には
しっかり応えよう！

もちろんです！

依頼主の要望には
しっかり応えよう!

って言えばいいのに…

[client]
クライアント：企業の顧客や取引先

ITの分野では、他のソフトウェアなどから、
情報などの提供を受けるコンピュータやソフトウェアを
「クライアント」といいます。

たしかに、取引先のことを「クライアント」って言うと、一流ビジネスマンの気分になっちゃいそう…。

御社のグランドデザインを教えてください。
ええっとですね…。

[grand design]
グランドデザイン：壮大で、長期的な計画

「グランドデザイン」は、都市計画などにおいても使われる言葉です。
2017年9月には、東京都都市整備局が
「都市づくりのグランドデザイン」を示しました。

これを読んでいるあなたは、会社の「グランドデザイン」を考えたことがありますか?

会議では遠慮せず、クリティカルな意見を出したまえ！
わかりました！

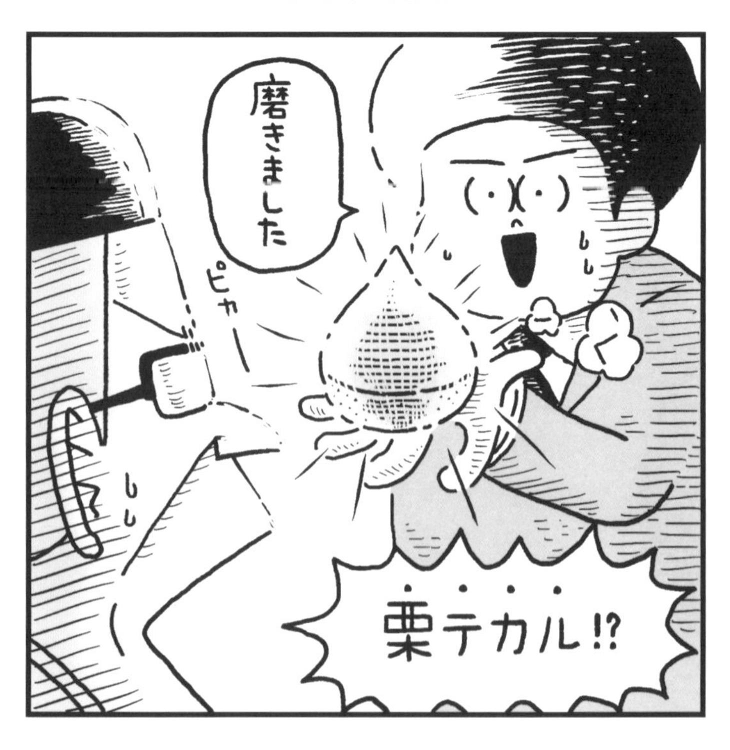

会議では遠慮せず、
批判的な意見を出したまえ!

って言えばいいのに…

[critical]
クリティカル：批判的な、致命的な

「本当にこれで正しいのか」という視点をもって、
前提となることがらを批判的に見ながら考える思考法を
「クリティカル・シンキング」といいます。

「クリティカルな問題」と言うときは、「致命的な」の意味ね…。
ややこしいから日本語でお願いします。

C社との取引は、来週には
しよう！
本当ですか！

C社との取引は、来週には
契約締結しよう!

って言えばいいのに…

[closing]

クロージング：
顧客と契約を結ぶこと

close(閉める)という文字通り、営業活動の締めくくりを表しています。商談の成立の割合を示す「クロージング率」は営業の成績をはかる指標の一つといえます。

close(クローズ)だけでも嫌なのに、ingをつけてより長くするのやめてもらえる?

我が社の
コア・コンピタンスを
もって、競争を勝ち抜くのだ！

がんばります！

我が社にしかない強みを
もって、競争を勝ち抜くのだ!

って言えばいいのに…

[core competence]

コア・コンピタンス：
他社にはまねできない強み

「コア・コンピタンス」には、
「顧客に利益をもたらす」・「誰にもまねできない」・「複数の商品に
応用できる」の３条件がそろわなければなりません。

「コア・コンピタンス」って言うために、何回口すぼめなきゃいけないのよ！　疲れるわ！

この1か月は、
プロジェクトにコミットしたまえ！

承知しました！

この1か月は、プロジェクトを
頑張りたまえ!

って言えばいいのに…

[commit]
コミット：目標に向けて全力で取り組むこと

結果などを「約束する」という意味もあります。あのCMが世に出てから、「コミット」がよりビジネスシーンに浸透するようになりました。

事あるごとに「コミットします」なんて言う人、「頑張ります」ってストレートに言いなさいよ!

コモンセンスをもって
働かないと社会人として通用しないよ！

そうですよね！

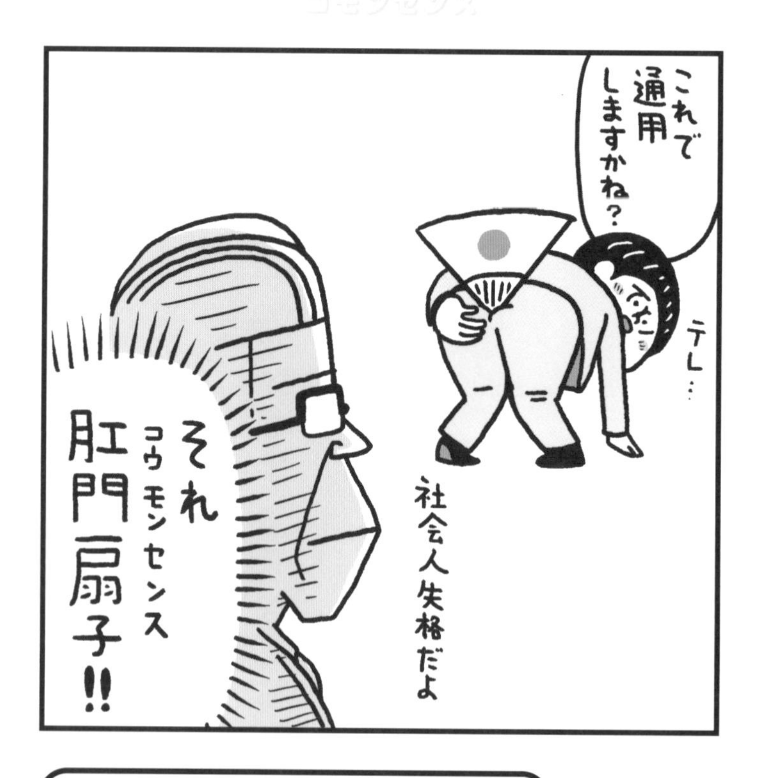

常識をもって働かないと
社会人として通用しないよ！

って言えばいいのに…

[common sense]
コモンセンス：常識や良識

common（共通な）とsense（感覚）が組み合わさった用語で、
「共通の感覚」という意味があります。
これが、「常識」や「良識」という意味で使われています。

「常識」をわざわざ「コモンセンス」って言う人、常識ないでしょ！

ウチとコンシューマー向けに商品をつくりませんか？
なんですって!?

ウチと消費者向けに
商品をつくりませんか？

って言えばいいのに…

[consumer]

コンシューマー：
商品などを利用する個人の消費者

これとよく似ている「カスタマー」は顧客や取引先などの「購入者」という意味で使われます。対して、「コンシューマー」は購入者に限らず、「製品などを最終的に利用する人」を指します。

BtoCのCは「コンシューマー」だっけ？ 「カスタマー」だっけ？ ※どちらも正しいです。

F社に予算のコンセンサスをとっておきたまえ!

すぐにやります!

F社に予算の合意をとっておきたまえ!

って言えばいいのに…

[consensus]

コンセンサス：

複数人が合意すること

関係者の合意を得ることを
「コンセンサスをとる」あるいは「コンセをとる」などといいます。
また、全会一致で決める会議を「コンセンサス方式の会議」といいます。

「コンセをとる」って略すくらいなら、初めから「合意をとる」でよくない?

社員の評価基準を明確にするために、
分析をしよう！

はい！　えーっと…！

社員の評価基準を
明確にするために、
行動特性分析をしよう！

って言えばいいのに…

[competency]

コンピテンシー：
優秀な人に共通する特性

優れた成果を創出する個人の能力・行動特性を
「コンピテンシー」といいます。
コンピテンシーを評価基準とする人事評価を「コンピテンシー評価」といいます。

「コンピ」から始まるとどうしてもコンピュータ的な用語だと思っちゃう…。

＼使ってる人はちょっと古いかも？／

おっさんビジネス用語診断

なにかとネットで話題に上がる「おっさんビジネス用語」。
いくつわかるかチェックしてあなたのおっさん度を確認しましょう！
全部わかればあなたも今日からおっさんの仲間入りです！

チェック！

- □ エイヤで見積もり、作っちゃおう！
- □ A社の受注はとれたけど、B社との契約は切られたから、イッテコイだな！
- □ その資料２つ、ガッチャンコして！
- □ 一旦、ガラガラポンして考え直そう！
- □ いま、だれがボールを持ってるの？
- □ その三遊間の仕事、どっちの部署がやるの？
- □ ポテンヒットの仕事、担当整理しといて！
- □ 全員野球で、プロジェクトをやりきろう！
- □ このプロジェクトは我が社の一丁目一番地だ！
- □ 鉛筆なめなめして、なんとか報告書を作ったよ…。

おっさん度チェック結果発表!!

0～3個	4～7個	8～10個

まだまだヤング!!	**おっさん道半ば…**	**正真正銘のおっさん!!**
教養程度に覚えてみてもいいかもね。	本当のおっさんへの道は甘くないぞ!	おっさんに磨きをかけよう!

おっさんビジネス用語解説

用語	意味
エイヤ	勢いでやってみること。
イッテコイ	プラマイゼロであること。
ガッチャンコ	複数のものをくっつけること。
ガラガラポン	白紙に戻すこと。
ボールを持つ	その仕事の担当であること。
三遊間	担当がはっきりしないこと。
ポテンヒット	上の「三遊間」に同じ。
全員野球	全員で力を合わせること。
一丁目一番地	最優先の課題。
鉛筆なめなめ	多少ごまかして、数字の帳尻を合わせること。

我が社も節電を実施して、サステナブルにいくぞ！
がんばります！

我が社も節電を実施して、
地球にやさしくいくぞ!

って言えばいいのに…

[sustainable]
サステナブル：持続可能な

企業活動においては、社会的責任を果たすことで
持続的に事業を展開するという意味で
「サステナブルな企業活動」などと用いられます。
「サステイナブル」「サスティナブル」とも表記されます。

要するに、サステナブルって「無理なく続くように」ってことよね。

この資料のサマリー、つくっておきなさい！
すぐにやります！

この資料の**まとめ**、
つくっておきなさい!

って言えばいいのに…

[summary]

サマリー:

文章の内容や要点をまとめたもの

上司や先輩に、「会議の内容、サマっておいて」と言われた場合、
「会議の内容をまとめておいて」という意味になります。
学術分野では、要約のことを「アブストラクト」といいます。

「今日の会議の内容サマっといて」って言う人、全員ダマっといて…。

御社と弊社が協力すれば、
きっとシナジーが生まれる
はずです！

なんですって!?

御社と弊社が協力すれば、
きっと**相乗効果**が
生まれるはずです!

って言えばいいのに…

[synergy]
シナジー：
複数人の連携で生まれる良い相乗効果

もともとは薬学や生理学などで専門的に用いられている言葉でした。
逆に、マイナスの相乗効果のことを「アナジー効果」といいます。

「アナジー効果」？　新時代の下ネタかなにか？

電子化が進んで、出版業界全体が
シュリンクしましたよね。
ほんとですね。

電子化が進んで、
出版業界全体が**縮小**
しましたよね。

って言えばいいのに…

シュリンク [shrink]：市場などが縮小すること

本屋で立ち読み防止のためにフィルムで本を包装することもまた、「シュリンク」といいます。逆に、市場などが拡大することは「スケールする」といいます。

ビジネス用語こそ、シュリンクしてほしいな。

G社から取り寄せた商品がショート気味だから、発注たのむよ！
すぐにやります！
サ

G社から取り寄せた商品が
不足気味だから、
発注たのむよ!

って言えばいいのに…

[short]

ショート：
資金や商品の在庫が不足すること

不足することのほか、期間や距離などが短いという意味があります。
金融業界では、為替取引などで、ある通貨を売り持ちにしている
状態のことを「ショート」(「ショートポジション」の略称)といいます。

ビジネス用語を聞くと、思考回路がショートしそうになるんだけど…。

早く新規事業のスキームを構築しよう！

承知しました！

早く新規事業の
枠組みを構築しよう!

って言えばいいのに…

[scheme]

スキーム：
枠組みを伴った計画や枠組みそのもの

計画や事業の枠組みを指し、「事業スキーム」などと使われることが多いです。
もともとの英語であるschemeには「枠組み」だけではなく、
「悪だくみ」や「陰謀」という意味もあります。

「悪だくみ」や「陰謀」なんて不穏(ふおん)な意味をもつ言葉が会議で使われるって、
よく考えたらすごくない?

今後の営業のために顧客名簿の古い情報はスクリーニングしたまえ！
了解しました！
サ

今後の営業のために
顧客名簿の古い情報は
ふるいにかけたまえ!

って言えばいいのに…

[screening]
スクリーニング：条件に合うものをふるいにかけること

多くの対象の中から条件に合うものを選び出すことです。
金融の分野では、条件に合う銘柄を探し出すこと、ITの分野では、
データやユーザーをふるいにかけることを指します。

「スクリーニング」なんて言わずに、「選別」とかでいいよね。

ステークホルダーの
声を無視する企業はすぐに淘汰されますよ。
そうですよね。

利害関係者の声を
無視する企業は
すぐに淘汰されますよ。

って言えばいいのに…

[stakeholder]

ステークホルダー：

株主、社員、顧客などの利害関係者

企業活動に直接的に影響を受ける「直接的ステークホルダー」（株主や社員など）と、間接的に影響を受ける「間接的ステークホルダー」（地域社会や社員の家族など）に大別されます。

「ステークホルダー」ってはじめて聞いたとき、めっちゃ強い競走馬の名前かと思ったわ。

ビジネス用語ばかり使う人って、スノッブですよね。

ほんとですね！

ビジネス用語ばかり使う人って、
中身がないですよね。

って言えばいいのに…

[snob]

スノッブ：
通(ツウ)ぶるが、中身が伴わない人

階級社会だった昔のイギリスで、
貴族ではない中産階級を意味するsnobが由来です。
教養人を気取った俗物的な態度をsnobbism（スノビズム）といいます。

ビジネス用語ばっかり言う人には、形だけでもビジネスマンになろうとするsnobbismを感じるわ。

サ

部長ってほんと、
万能な人ですよね!

って言えばいいのに…

[generalist]

ゼネラリスト：

幅広い分野の知識や能力をもつ人

語源であるgeneralは、「全体的な、全般的な」という意味をもつ英単語です。
対義語は「スペシャリスト」(特定分野に深い知識をもった専門家)です。

「ゼネラリスト」か「スペシャリスト」。あなたはどちらになりたいですか?

話がまとまらないので、
一度ゼロベースで考えましょう。

そうしましょう！

※「スタバ」「ドトール」はいずれも登録商標です。

話がまとまらないので、
一度**白紙に戻して**
考えましょう。

って言えばいいのに…

[zero-base]
ゼロベース：一度白紙に戻すこと

前提知識や思い込みにとらわれずに、
白紙からものごとを考えることを「ゼロベース思考」といいます。
逆に、過去の実績や前例をもとに考えることを「トレンド思考」といいます。

「○○ベース」って言葉、「ベース」抜いても問題ない説。「メールベース」→「メール」。「正直ベース」→「正直」。ほらね。

顧客の課題に対する
ソリューションを
見つけるために、情報収集しなさい！

わかりました！

顧客の課題に対する
解決策を見つけるために、
情報収集しなさい！

って言えばいいのに…

[solution]

ソリューション：解決手段を講じること

ビジネスやサービスで抱えている問題を解消することを
「ソリューション」といいます。顧客との対話を通して、
顧客が抱える課題の解決策を提供することを「ソリューション営業」といいます。

要は、「ソリューション営業」＝「お悩み解決営業」ってことね。

プロジェクトの成果が
出るまでは、ロングタームで
考えていくべきだね！

その通りですね！

プロジェクトの成果が出るまでは、
長期間で考えていくべきだね!

って言えばいいのに…

[term]
ターム：期間や期限、用語

「中期間」を「ミドルターム」、
「短期間」を「ショートターム」といいます。
termには「用語」という意味もあり、
「テクニカルターム」で「専門用語」を指します。

沖縄で「タームちょうだい」と言うと、「田芋（ターム）」というサトイモが出てくるらしいわ。

性別や年齢などを問わず働ける、
ダイバーシティ
あふれる企業を目指そう!

ぜひ、そうしましょう!

性別や年齢などを問わず働ける、
多様性あふれる企業を目指そう!

って言えばいいのに…

[diversity]
ダイバーシティ：
年齢や性別、人種、宗教などの多様性

もともとは1960年代のアメリカで、マイノリティや女性の待遇を改善すべく広がった考え方です。多様性を認め、個を尊重することを、「ダイバーシティ＆インクルージョン」といいます。

diversityの語源はラテン語で、di：バラバラに＋verse：向く、らしいわ。ちょっとした豆知識でした。

今日中に3つのタスクを、
処理してくれないかい!?

もちろんできます!

今日中に３つの仕事を、
処理してくれないかい!?

って言えばいいのに…

[task]
タスク：仕事、作業、課題

仕事を構成する最小単位を「タスク」といいます。
2つ以上のタスクを並行して進めることを「マルチタスク」といいます。
タスクがいくつか集まった大きな計画を「プロジェクト」といいます。

ただのメールを返す作業も、「タスク」って言えばそれっぽく…、聞こえないわ!!

我が社の業績を向上させるべく、
ドラスティックな
改革をやっていこう！

やったります！

我が社の業績を向上させるべく、
抜本的な改革をやっていこう!

って言えばいいのに…

[drastic]
ドラスティック：思い切った、抜本的な

価値観を根底から覆すような状況を「ドラスティック」と表現します。
類語として、「根源的で本質的な」という意味の「ラジカル」があります。

「ドラマチック」(劇的)と聞き間違えちゃいそう。…あれ?　雰囲気ほぼ同じじゃない?

トンマナ
お二人とも、資料のトンマナを合わせておいてください。
わかりました！
？
？

お二人とも、資料に一貫性を
もたせておいてください。

って言えばいいのに…

[tone and manner]
トンマナ：
資料や広告、Webデザインの一貫性

英語圏では、一般的にtone & style(トーン・アンド・スタイル)や
voice & style(ボイス・アンド・スタイル)と表現されます。

「トーンマナー」を「トンマナ」って略す人、「キーマカレー」のことも「キマカレ」って言いなさいよ。

ビジネス用語への反逆…！

新規事業のスキーム構築はオンスケで進んでるかね？
佐藤部長
えっ
あ、はい…
またカタカナ…
スキーム？オンスケ？
聞いたことあるが何のことやら…
あわわ～…
まずい
このままではまた気絶してしまう…
部長
なんだね
先程おっしゃった
『新規事業のスキーム構築はオンスケで進んでいるか？』
というお言葉ですが…

新規事業の枠組みの構築は
予定通り進んでいるか
とおっしゃったほうが伝わりやすいかと思います
なぬっ!?
なるほど!!
それでしたら
予定通りに進んでおります
そ、そうか…
私は今まで社員に伝わっていると思っていたが…
配慮が足りなかった…
山本くん
クリティカルな意見をありがとう
ピ
この社長ダメだ…

部署内でナレッジを共有していこう！
承知しました！

部署内で**情報**を
共有していこう!

って言いなさいよ!

[knowledge]

ナレッジ：
付加価値の高い知識や利益になる情報

企業にとって有益となる個人の知識・情報を組織全体で共有し、
活用することを「ナレッジマネジメント」といいます。
また、知的生産物を生み出す労働者を「ナレッジワーカー」といいます。

「ナレッジをシェアしてくれ」って言う人。お願いだから、「情報を共有してくれ」って言ってくれません?

市場を拡大するためにも、ニッチな分野をせめるのも大事だよ！

そうですよね！

市場を拡大するためにも、
隙間の分野を
せめるのも大事だよ!

って言いなさいよ!

[niche]

ニッチ：
需要はあるが競合の少ない隙間市場

「ニッチ」とは、もともとは西洋建築で彫像などを置くためのくぼみを指す言葉です。特定の需要がある小規模市場などで行われるビジネスを「ニッチビジネス」といいます。

自分の趣味に対して、「ニッチな趣味だね」って言われたとき、なんて返せばいいの?

どうにかネゴって、
開発費を下げてきてくれ！

なんとかします！

どうにか交渉して、開発費を下げてきてくれ！

って言いなさいよ！

[negotiate]
ネゴる：交渉する

「交渉」という意味の「ネゴシエーション」の頭2文字をとって、「ネゴる」といいます。お互いのメリットを考慮したうえで妥協点を探るために話し合うことを指します。

sabotage（サボタージュ）を省略して「サボる」は許せるのに「ネゴる」は許せない…。このちがいはなんだろう。

本日の会議は、先日のノーティス通りです。

了解です！

本日の会議は、
先日の**お知らせ**通りです。

って言いなさいよ！

[notice]
ノーティス：お知らせ

先方に締め切りまでの時間が短い依頼をする場合は、
「ショートノーティスにて恐れ入りますが」などと
前置きをする場合があります。

締め切りまで時間がないときに、わざわざ「ショートノーティス」なんて長ったらしい言葉で前置きしないでよ！

最近は、ウチもノマドの人、
増えてきましたよ。

なんですって!?

最近は、ウチも
いろんな場所で仕事する人、
増えてきましたよ。

って言いなさいよ！

[nomad]
ノマド：いろいろな場所で働くこと

遊牧民を表すnomadが由来です。
遊牧民のように場所を移動しながら働くスタイルを指しています。
そのような働き方をする人を「ノマドワーカー」といいます。

人が場所を変えて働く姿を見て、「遊牧民」を最初に思い浮かべた人の想像力がすごいわ…。

新規事業を考えるとき、バイアスをかけてはだめだよ!

はいっ! 了解です!

新規事業を考えるとき、
先入観をもってはだめだよ!

って言いなさいよ!

[bias]
バイアス：先入観や思い込み

自分の考えを正当化するために不都合な情報を無視してしまう「確証バイアス」などがあります。また、biasには「推し」という意味もあり、K-POPファンの間でよく用いられます。ちなみに、「バイブス」とはテンションの高まりを表現する言葉で、ヒップホップ音楽などで使われます。

「先入観」と「推し」じゃ、意味ちがいすぎてつらいわ…。

このバジェットでは、
プロジェクトにゴーサインは出せないよ！

わ、わっかりました!!

この予算では、プロジェクトに
ゴーサインは出せないよ!

って言いなさいよ!

[budget]
バジェット：予算や経費

形容詞として用いる場合は、「低価格の」という意味になります。
予算の大きい場合を「ビッグバジェット」、小さい場合を「ローバジェット」といい、
映画業界などでよく使われます。

ヒマな人は「バジェットガエル」で画像検索してみて。面白い顔のカエルが見られてほっこりするわ。

バズワードが飛び交う
会社では、意思疎通は図れないよ！

ひぇっ！　そうですよね！

曖昧な言葉が
飛び交う会社では、
意思疎通は図れないよ!

って言いなさいよ!

[buzzword]
バズワード：意味が曖昧な用語

バズ(buzz)とは、蜂のブンブンという羽音のことで、
人々を騒がせるもっともらしく聞こえる流行語を暗に表しています。
「DX」や「ビッグデータ」などがこれにあたるといわれています。

ビジネス用語こそまさに、「バズワード」でしょ!　ビジネス用語が飛び出る口をふさいでいきたいわ!

工期にはバッファを持たせてるので、少しの遅れは問題ないです。
ま、まじですか!!

工期には余裕を持たせてるので、
少しの遅れは問題ないです。

って言いなさいよ！

[buffer]

バッファ：時間や金銭、人員の面での余力

緩衝材を意味するbufferが語源です。
IT業界では、データを一時的に保存しておくための記憶領域のことを指し、
そこからビジネスシーン全般に広がったとされています。

「バッファ」って言われると、水牛の「バッファロー」が脳内を駆け巡るわ…。

中途社員を採用するときは、ビジョナリーを採用しよう！

かしこまりました！

中途社員を採用するときは、
先見の明がある人を
採用しよう！

って言いなさいよ！

[visionary]
ビジョナリー：
将来を見通し、考えを現実化できる人

長期にわたって繁栄する企業を「ビジョナリーカンパニー」といいます。
visionaryには、「先見の明がある人」という意味のほかに、
「空想にふける人」という意味もあります。

「先見の明がある」と「空想にふける」じゃ、差が激しすぎるわ！　英語むず！

今日の会議のファシリは
山本くんにお願いしよう！

そうしましょう！

今日の会議の司会は
山本くんにお願いしよう!

って言いなさいよ!

[facilitation]
ファシリ：司会をすること

「ファシリテーション」を略して、「ファシリ」と言います。
「ファシリテーション」の最大の目的は、
会議の参加メンバーをある程度「腹落ち」させることです。
「腹落ち」とは、心から納得している状態のことを指します。

「ファシリ」の意味を解説するのに、「腹落ち」っていうわけわかんない言葉を使わないでよ…!
「納得」でいいじゃない!

来週には、企画書をフィックスしてください。
わかりました！

来週には、企画書を
完成させてください。

って言いなさいよ!

フィックス[fix]:決定・確定すること

建築業界では、資材を壁などに固定することを「フィックスする」といいます。
また、fixには「確定する」のほかに、「直す」という意味もあります。

fixには「直す」って意味もあるのね…。じゃあ、「その資料フィックスで!」って上司に言われて、部下が資料を書き直しちゃっても文句言えないよね?

取引が成功するよう、
先方にプッシュしてくれ！

やったります！

取引が成功するよう、
先方に働きかけてくれ!

って言いなさいよ!

[push]
プッシュ：働きかけ、促すこと

人を役職などに「推薦する」場合も、「プッシュする」といいます。
企業が顧客へ積極的に営業をかける営業手法を「プッシュ型営業」といいます。
逆に、顧客からの問い合わせなどによって顧客情報を得る
営業手法を「プル型営業」といいます。

営業って、押したり引いたり、いそがしいのね…。

ビジネスでは、積極的に
ブルーオーシャンに
飛び込んでいこう！

了解しました！

ビジネスでは、積極的に
競合がいない市場に
飛び込んでいこう！

って言いなさいよ！

[blue ocean]

ブルーオーシャン：
競争相手が少ない市場

従来存在しなかった市場をつくり出していく戦略を、
「ブルーオーシャン戦略」といいます。また、対義語である
「レッドオーシャン」は、血で血を洗うような市場を意味しています。

「○○オーシャン」には、ブルーやレッド以外にもホワイトやブラック、ピンクがあるらしいわ。
どんだけあるのよ…。

S社に投資すれば、
今後は潤沢なキャッシュが
期待できますよ。
おお！ ほんとですか！

S社に投資すれば、
今後は潤沢なお金の**流れ**が
期待できますよ。

って言いなさいよ!

[flow]
フロー：なんらかの流れのこと

「ワークフロー」(仕事の流れ)、「キャッシュフロー」(お金の流れ)、
「データフロー」(データの流れ)など、
様々な言葉の後ろについて、「流れ」を表します。

「仕事の流れ」と日本語で言えば済むのを「ワークフロー」って言い始めた最初の日本人、世界一のカッコつけだと思う。

トラブルが生じたので、
いったんこの仕事、
ペンディングでお願いします。
えっ！　もうですか!?

トラブルが生じたので、
いったんこの仕事、
保留でお願いします。

って言いなさいよ！

[pending]
ペンディング：
ものごとを先送りにすること

もともとの英語であるpendingには「ぶら下がる」という意味があり、
そこから転じて「宙ぶらりんの、保留の」という意味で
使用されるようになりました。

「ペンディングでお願いします」って言われるより、
「ちょっとお待ちください！」って言ってくれたほうが待ってあげたくなるけどな。

我が社のボトルネックである

人材不足を解消しなければ！

なんとかします！

我が社の障壁である
人材不足を解消しなければ!

って言いなさいよ!

[bottleneck]
ボトルネック：
仕事の生産性を低下させる要因

大きな瓶（bottle）でもその首（neck）が狭いと、
出せる水の量は少なくなる（生産性が下がる）ことから、
bottleneck＝障害などと訳されるようになりました。

伝わりにくいビジネス用語こそ、仕事の生産性を下げる「ボトルネック」じゃない？

＼日本だけじゃないの？！／

海外のビジネス用語

海外にも、「なんでそんな言い方するの？！」と思わず、
つっこみたくなるビジネス用語がたくさんあります。
ここでは、特にわけのわからないビジネス用語を３つ、ご紹介します。
正しい意味を予想しながら、ページをめくってください。

open the kimono 直訳すると… 着物を開く？

You should open the kimono.

何ですって?!

peel the onion 直訳すると… 玉ねぎの皮をむく？

Come on! Peel the onion!

わかりました。玉ねぎ、買ってきます！

get ducks in a row 直訳すると… アヒルを一列に並べる？

Get your ducks in a row before the meeting.

Sure!

文字通りに受け取っては大変だ。 正しい意味は次のページで確認しよう！

正しくは open the kimono = 情報を開示する

正しくは peel the onion = 本質を探究する

正しくは get ducks in a row = 準備をする

ウチの社員、さすがに  やりすぎじゃないか…？

マーケットインで、これからのビジネスを考えていこう！

がんばります！

需要をもとに、
これからのビジネスを
考えていこう!

って言いなさいよ!

[market in]

マーケットイン：市場の需要を基準に製品などをつくること

逆に自社でできることから事業などを考えていくことを「プロダクトアウト」といいます。マーケットインとプロダクトアウトのバランスを取ることが企業にとって重要であるとされています。

商品なんて基本的に需要がないと売れないんだから、わざわざ「マーケットイン」なんて言わなくてもよくない…?

今回の取引は、マージンが大きすぎて、利益が期待できない…。
お任せください！

今回の取引は、
手数料が大きすぎて、
利益が期待できない…。

って言いなさいよ!

[margin]
マージン：手数料、利益

ちなみに印刷・出版業界などでは、「マージン」というと、
本における「余白」という意味になります。
Webページを作成する際も同様の使い方がされます。

marginの語源はラテン語のmargo：縁(ふち)らしいわ。

会議を始める前に、まずは
マイルストーンを置こう！

ぜひ、置きましょう！

会議を始める前に、
まずは**中間目標**を決めよう!

って言いなさいよ!

[milestone]

マイルストーン:
プロジェクトを管理するための中間目標

かつて、鉄道や道路などの距離(マイル)を計測する際、
石(ストーン)を目印にしていたことが
「マイルストーン」の起源といわれています。

なんとかストーンって聞くと、いくつか集めると魔王かなにかが復活するのかと思っちゃう…。

新規事業を成功させるためにも、
どうマネタイズするか
考えよう！

考えます！

新規事業を成功させるためにも、
どう**収益化**するか考えよう!

って言いなさいよ!

[monetize]

マネタイズ：
収益を発生させるための計画

無料で提供しているサービスから
収益につなげるための仕組みを「マネタイズ」といいます。
アプリ内の課金やネット広告などがこれにあたります。

要するに、「どうやって儲(もう)けるのか」を上品に言ってるだけなのよね。

我が社にとって
モアベターな選択を
していこう！

承知しました！

我が社にとって
より良い選択をしていこう！

って言いなさいよ！

[more better]
モアベター：
ずっと良いこと、より良いこと

かつて、毎週放送されていたある映画紹介番組での
お決まりの締めコメント、「来週（の映画）はモアベターよ」が
「モアベター」が広まったきっかけといわれています。

比較級のmoreとbetterを一緒に使うなんて、英語教育の敗北だわ…。

急用が入ったので、今日の会議は
明日にリスケしましょう。
そうしましょう！

急用が入ったので、
今日の会議は明日に
予定変更しましょう。

って言いなさいよ！

[reschedule]

リスケ：スケジュールを組みなおすこと

予定の変更を表す「リスケジュール」の頭３文字をとった言葉です。
金融業界においては、「返済計画の見直し」という意味があります。

普段の会話でも「リスケしない？」って言う人に言いたい。「別の日にしない？」じゃ、だめですか？

このプロジェクトを成功させるには、リソースが全然足りないぞ!

なんとかします!

このプロジェクトを
成功させるには、
金や人が全然足りないぞ!

って言いなさいよ!

[resource]

リソース：資産、資源

ヒト、モノ、カネなど、産業のもととなるものを表します。
19ページの「アセット」にも「資産」の意味がありますが、「アセット」は
もつだけで価値のある資産を表すという点で、「リソース」とは異なります。

一口に「リソースがない」って言っても、「金がない」のか「人手が足りない」のか
わかりにくいわ…。

会社の発展には、会社に対する社員のロイヤルティが不可欠だ！

そうですよね！

会社の発展には、
会社に対する社員の
愛着が不可欠だ!

って言いなさいよ!

[loyalty]
ロイヤルティ：愛着心、忠誠心

似た響きの言葉にroyaltyがありますが、
これは特許権、商標権などの知的財産を利用する際に、
権利者に支払う使用料のことです。

royalty（ロイヤルティ）（使用料）とloyalty（ロイヤルティ）（愛着心）。音は似ていても意味が全然ちがうわね…。

新サービスですが、明日の朝イチローンチになります。
ま、まじですか!!

新サービスですが、
明日の朝イチ
開始になります。

って言いなさいよ!

[launch]
ローンチ:
新サービスなどを開始すること

新商品の発売や、Webサービスの提供開始の際などに使用されます。
金融業界でも、有価証券の発行やそれを市場に
公表することを「ローンチ」といいます。

海外の人に「ローンチ」って言うと、raunchy(卑猥な)って聴き取られる可能性もあるから
お気をつけて。

ワンストップ
当社では、
市場調査から宣伝まで、
ワンストップで対応しますよ。
ええっ！　そんな…！

当社では、市場調査から
宣伝まで、ここで全部
対応しますよ。

って言いなさいよ！

[one-stop]
ワンストップ：
1か所でなんでもできること

関連する手続きや各種サービスを同時に完了できるものを
「ワンストップサービス」といいます。
国が進める行政サービスはその好例です。

「ワンストップ」って聞くと、「一時停止」みたいな感じがする…。「ストップ」って何なの？